प्लेटफ़ॉर्म से आवाज़ें

प्लेटफ़ॉर्म से आवाज़ें

तजेन्द्र सिंह लूथरा

वाणी प्रकाशन

प्रकाशन के उत्कृष्टतम 63 वर्ष

vaniprakashan.com

सजिल्द पहला संस्करण : 2026

वाणी प्रकाशन

4695, 21-ए, दरियागंज, नयी दिल्ली-110 002

फ़ोन : + 91 11 23273167, 23275710

शाखाएँ

अशोक राजपथ, पटना-800 004, बिहार

कॉफ़ी हाउस कैम्पस, महात्मा गांधी मार्ग, प्रयागराज-211 001, उत्तर प्रदेश

महात्मा गांधी अन्तरराष्ट्रीय हिन्दी विश्वविद्यालय, वर्धा-442 001, महाराष्ट्र

sales@vaniprakashan.in
vaniprakashan@gmail.com

Platform Se Aawazen
by Tajender Singh Luthra

ISBN : 978-93-7348-256-9
Collection of Poetry

मूल्य : ₹ 325

आर. टेक ऑफ़सेट, दिल्ली-110 032 में मुद्रित

वाणी प्रकाशन का लोगो मक़बूल फ़िदा हुसैन की कूची से

भूमिका

सुविख्यात कवि एवं चिन्तक श्री तजेन्द्र सिंह लूथरा का यह नवीनतम संग्रह *प्लेटफ़ार्म से आवाज़ें* भारतीय काव्य जगत के लिए एक नया और तेजस्वी प्रस्थान बिन्दु है। यहाँ संगृहीत कविताएँ अद्वितीय, मर्मस्पर्शी एवं विलक्षण हैं। यहाँ प्लेटफ़ार्म एक जीवन्त रूपक बन जाता है। सम्पूर्ण जीवन के लिए जहाँ अनेकानेक आवाज़ें हैं जिन्हें कवि लूथरा सूक्ष्मता से अंकित करते हैं। आस-पास की ज़िन्दगी से लेकर बूढ़े शेर के परिसर तक विस्तृत ये कविताएँ कई बार हमें चौंका सकती हैं और हमारे अर्जित भावबोध तथा सौन्दर्यबोध को स्तब्ध भी कर सकती हैं क्योंकि यहाँ कुछ भी न तो पूर्वगृहीत है न किसी अतिवाद से परिचालित, फिर भी ये कविताएँ अपने समय की शिनाख़्त और तफ़तीश करती हैं। यहाँ एक अद्‌भुत उदारता और खुलापन है जहाँ कुछ भी वर्जित या बाह्य नहीं। दर्ज़ी, रंग और कपड़े या ख़रगोश या लक्ष्मण रेखा सरीखी कविताएँ इसी काव्य व्यवहार के उज्ज्वल दृष्टान्त हैं। लूथरा साहब निस्संग, निष्काम साधक हैं जिनके लिए कवि कर्म एक शब्द-आराधना, और सत्य, बाह्य एवं आन्तरिक, से साक्षात्कार का माध्यम है। सहज बोलने मात्र को कविता की बोली में बदलने वाला यह कवि आज के अन्यतम कवियों में पंक्तिबद्ध है और उसकी कविता ऐसा जंक्शन जहाँ अनेक दिशाओं की काव्य गतियाँ संवलित विश्राम पाती हैं, फिर से नयी गतियों में रूपान्तरित होने को व्यग्र। आशा है सहृदय पाठक इन चारु कविताओं को अंगीकार करेंगे।

–अरुण कमल

अनुक्रम

प्लेटफ़ार्म से आवाज़ें

हमारा घर स्टेशन से ज़्यादा दूर नहीं है
दिन में तो नहीं, लेकिन रात के गुमसुम अँधेरे में
अक्सर आती है, रेल के भोंपू की आवाज़
जैसे दिन के ट्रैफ़िक,
चीख़-चिल्लाहट और मारकाट पर,
रात को फ़तह दर्ज
कर रहा हो
रेल का भोंपू।

लेकिन नहीं आती कोई आवाज़,
प्लेटफ़ार्म पर हो रही,
इन्सानी रेल-पेल की
हड़बड़ायी हवाई चप्पलों की घिसघिसाहट की
परेशान कन्धे से परेशान कन्धा टकराती झुँझलाहट की
जबरी धक्का मार आगे निकल जाने की अफ़रा-तफ़री की
बेध्यानी में छूट गये हाथ की बदहवासी की
खो गये बच्चे की
दिल दहलाती मम्मी, मम्मी, मम्मी की
कोई आवाज़—नहीं आती, नहीं आती।

नहीं आती कोई आवाज़
टी.टी. से डिब्बा-सीट पूछने की घबराहट की
फिर भागम-भाग में रेल छूट जाने के डर की
तभी आम डिब्बे में दरवाज़ा जाम हो जाने की
फिर खिड़कियों से अन्दर सरकने और धड़ाम से गिरने की
फिर सीट के लिए तू-तू मैं-मैं होने की
बाथरूम में ठसाठस भरे लोगों की साँसों की घुटन की
कोई आवाज़–नहीं आती, नहीं आती।

शायद डर जाती होंगी
स्टेशन की अकड़ दिखाती मोटी दीवारों से
और आँखें दिखाते पिल्लरों से
किसी तेज़ ट्रेन की धौंस से
और खाकी बूटों की गुर्राहट से
शायद डर जाती होंगी

हाँ डर ही जाती होंगी
टी.टी. की आँखों के रूखेपन से
रिज़र्वेशन (reservation) हथियाये जुगाड़ुओं के अहंकार से
एलिट (elite) घुमक्कड़ों की आँखों से टपकती हिकारत से
शर्तिया डर जाती होंगी
शर्तिया डर जाती होंगी

बरसों से, सदियों से, डरी दबी थीं
फिर डरी दबी रह जायेंगी
ये आवाज़ें कभी नहीं आयेंगी
ये आवाज़ें कभी नहीं आयेंगी।

नहीं-नहीं एक दिन होगा चमत्कार
सब साथ मिलकर चिल्लायेंगे
घुटन, बदहवासी, बेचैनी, हड़बड़ाहट, झुँझलाहट, धक्का-मुक्की, अफ़रा-तफ़री
सब एक साथ मिलकर चिल्लायेंगे
ज़ोर-ज़ोर से चिल्लायेंगे
और फ़तह दर्ज करेंगे
अकड़, अहंकार, धौंस, हिकारत, और गुर्राहट, के ख़िलाफ़।
और फ़तह दर्ज करेंगे
अकड़, अहंकार, धौंस, हिकारत, और गुर्राहट, के ख़िलाफ़।

किनारे

हमें कोई पुल नहीं चाहिए
ये पानी जोड़ता है हमें
सच्चे मन से।
रखता है
शान्त, स्थिर हमें।

लगता है जैसे हम लेटे हैं
बिस्तर पर
पानी के नीचे से
हाथ जकड़े
गर्म-गर्म, कसे-कसे।
और हमारे बच्चे
सो रहे हैं
हमारे बीच
बेसुध
हमें कोई पुल नहीं चाहिए।

उदास है मशीन

आज मैं उदास हूँ
किसी ने मेरे कान में कहा
तुम बस एक कठपुतली हो
जिसकी डोर
खींचता है कोई और
और जिसका खेल–है पूर्व निश्चित।

मैंने थोड़ी हैरानी से विरोध किया–
'नहीं-नहीं, मैं मुस्कुराता हूँ अपने मन से
रोता, हँसता हूँ अपने दम से
गले मिलता हूँ अपने साथियों से
हम खेलते-नाचते हैं सब मिलके।'

वो मुस्कुराया, और बोला–
'तुम्हें मालूम नहीं, तुम्हारे दिमाग़ में बिंधा है इक धागा
जिसे हर पल खींचता है कोई
कभी आगे, कभी पीछे
कभी दायें, कभी बायें।
तुम्हें नहीं मालूम
सब है निश्चित,
सब है निश्चित।
तुम्हारा सिहरना धीरे से छूने से

गाढ़े प्यार में भर जाना
माँ के सीने में छुपने से
और गर्व भरे प्यार में रम जाना
पिता के माथा चूमने से।
यह पल-पल का रोमांच
ख़ून गर्म करता रोमांस
सब है निश्चित
सब है निश्चित।'

फिर व्यंग्य से बोला–
'चूँकि तुम चल-फिर सकते हो
तो चलो तुम्हें मशीन मान लेते हैं
और तुम बोल-सुन लेते हो
सोच-समझ सकते हो
और जान भी लेते हो अच्छा-बुरा
चलो तुम्हें मानव मान लेते हैं।
वैसे तुम्हारी डोर, तुम्हारा खेल
सब है निश्चित
सब है निश्चित।'

मैं उदास हूँ आज
क्या मेरी उदासी भी
इक डोर से बँधी है?
मैंने समझाया ख़ुद को–
'नहीं-नहीं, मैं नहीं हूँ कठपुतली
ना मशीन, ना मानव।
छोटा ही सही
मैं हूँ विधाता, मैं हूँ ब्रह्म।

वो फिर हँसकर बोला–
'तुम्हारा छोटा ब्रह्म होना
ये भी था निश्चित
ये भी था निश्चित।'

मैं नहीं घबराया फिर भी, और कहा–
'तुम चाहे मानो जो मुझे
मशीन या मानव
ब्रह्म या अधम
मैं नहीं किसी डोर से बँधा
ना ही किसी खेल से निश्चित।
होंगे मुझमें कुछ तिनके
जिन्हें मिले होंगे कुछ चालाक लम्हे
दूसरों को रौंद, आगे बढ़ जाने के
लेकिन वो भी थे मेरे ही कण
जिन्हें हार जाना पड़ा
मान कर ऐसी स्थिति
जिसे तुम कहते हो नियति
लेकिन फिर भी
मैं हूँ,
अपना ही मानव,
अपना ही दानव
अपना ही अधम,
अपना ही ब्रह्म,
अपना ही सुख
अपना ही दुख
मैं पल-पल करता संघर्ष
मैं अपने ही द्वारा अर्जित।'

जादुई सुगन्ध

उसे छुआ नहीं कभी
बात भी कभी नहीं हुई उससे
बल्कि परिचय ही नहीं
कभी हुआ हमारा।

फिर भी!
जब भी कभी, मिल जाती है वो
बिन बताये, अनजाने
मैं भर जाता हूँ
उसके प्रेम की
जादुई सुगन्ध से।

जादू वाली शर्ट

मेरे पास एक शर्ट है
जिसे मैं रोज़ प्यार से निहारता हूँ
वो मेरी सबसे पसन्दीदा शर्ट है
मैं उसे बड़े चाव से पहनता हूँ
कभी प्रेस करवाकर
तो कभी सिलवटों के साथ भी
कभी इसके कालर्स (collars) के नीचे बटन लगवा कर
उसे बटन-डाउन (button-down) बनाकर पहनता हूँ
पूरी बाज़ू भी पसन्द है मुझे
लेकिन एक दिन उसकी बाज़ू आधी कटवा कर पहनी मैंने
अब ये और सुन्दर दिखने लगी
फिर एक दिन मैंने उसे उल्टा कर पहना
उसकी सिलाई वाली धारियाँ नया फ़ैशन लगने लगीं
जादू वाली शर्ट है ये
रोज़ नयी हो जाती है
रोज़ नयी हो जाती है।

स्पर्श

तुम जब सिर्फ़ बड़ी हो रही थीं
मेरी चिन्ता जवान
और तुम्हारी माँ की
फ़िक्र तो अधेड़ हो रही थी।

वो अपने से हर बड़ी माँ से पूछती थी
जिसकी तुम से बड़ी बेटियाँ थीं–
'क्या क्या सीखना चाहिए?
कैसे बताये भेद
अपनों के स्पर्श और परायी नीयत का।'

कहीं कोई रावणी दुस्साहस
सीता की असहमति लाँघ ना जाये
कोई विभीषणी-दु:शासन
अपने लिजलिजे स्पर्श से
चीरहरण के षडयंत्र वाली
रिश्तों की मुट्ठी
अचानक खोल ना दे।

इन्हीं चिन्ताओं के बीच
मैं इतना सिमट गया

कि तुम्हें छूने से कतरा जाता हूँ।
अपने स्नेह और तुम्हारे
मासूम प्यार के बीच
अनचाहे स्पर्श से टकरा जाता हूँ।
पूरे मन से लगता हूँ गले
लेकिन कभी हैरान
कभी ग्लानि से भर जाता हूँ।

अभी तो तुम धीरे-धीरे
और बढ़ोगी
तन से और खिलोगी
मन से और सयानी हो जाओगी।
गहराता मन तुम्हें मेरे पास लायेगा
पर उभरता तन छूने से कतरायेगा
ये कशमकश और बाँट देगी
हमारे प्रेम को।

काफ़ी सालों बाद
जब मैं हो जाऊँगा बहुत बूढ़ा
और तुम अधेड़
क्या तब बेझिझक लगोगी मेरे गले?
क्या फिर से बैठोगी मेरी गोद में
और करोगी लाड़ मुझे?

माँ के बोनसाई और पेड़

पढ़ाती रही हमको
बढ़ाती रही हमको
दिया हमें
ऊँचा क़द, तनी रीढ़,
ख़ुशनुमा चेहरा।
सिखाया हमें
हरे भरे रहना,
लदे पत्तों के साथ
आदर से झुकना,
हर पतझड़ के बाद
नये कोंपलों जैसा
फिर से खिल जाना।

लेकिन उसने काट दिया
अपना समय
मद्धम कर लीं अपनी इच्छाएँ
माँ ने बनाये अपने लिए
बहुत सारे बोनसाई
लेकिन हमें बनाया
हरा-भरा, लदा-लदा
ऊँचा तना सीधा खड़ा पेड़।

रोने की समझ

मैं सबसे ज़्यादा रोया था
अपने दादा की मौत पर
तब मैं बहुत छोटा था
और छोटे से भी ज़्यादा
मुझे मालूम नहीं था
किस रिश्ते पर कितना
रोना होता है
लगा जैसे सब कुछ खो गया था
सो जी भर के रोया था।

फिर धीरे-धीरे मैं बड़ा होता गया
हर रिश्ते की माप
उसके प्यार की तौल
उसपे रोने की ज़रूरत
अपने आप तय होने लगी।
और इतने बड़े होने के बाद वैसे भी
इतना ज़ोर-ज़ोर से रोना
ठीक नहीं होता।

अब समझ में आता है
दादा की मौत पे
मैं क्यूँ इतना ज़ोर-ज़ोर से रोया था।

गहरी नींद

कितनी रातों से
सोया नहीं हूँ मैं।
मुझे सुला दो गहरी नींद।

मैं सोना चाहता हूँ
जैसे अभिसार के
उत्कर्ष के बाद
थोड़ी ग्लानि,
थोड़ी सन्तुष्टि
और ढेर सारी जीत
के भुलावे में
सो जाता है
प्रेमी।

और जैसे डोली विदा
कर,
अपने ही भीतर
के पिता से
कृतज्ञता से भर जाता
है पिता

और सो जाता है
जीवन सार्थक मान कर।

जैसे माँ की गोद में
परियों की कहानी
सच मान के
सो जाता है बच्चा।

जैसे एक साधारण
व्यक्ति
एक मुहावरे के
छलावे में
सो जाता है
घोड़े बेच कर।

मुझे सुला दो गहरी
नींद
कितनी रातों से
सोया नहीं हूँ मैं।

घर वाला पेड़

कुछ पेड़ देते हैं फूल
कुछ फल
कुछ छाया और कुछ प्राण
फिर धीरे-धीरे बूढ़े हो जाते हैं पेड़
और फिर क्या कुछ नहीं देते पेड़?

घर ख़ाली छोड़
जब भी निकलता हूँ मैं
एक बुज़ुर्ग देता है आश्वासन–
'तुम चिन्ता मत करना
आराम से आना वापिस
मैं हूँ यहीं
मैं अभी रहूँगा यहीं।'

सादा मन

एक बड़े घर के ख़ाली कमरों में
दो बच्चों और अनगिनत ज़िम्मेदारियों के बीच
तुम कितनी अकेली
और यहाँ मैं कितना घिरा-घिरा।

परिपक्व तुम पहले भी थीं
जवाबदेह उतनी ही।
मेरे बिखराव और तुम्हारी
कुशलता के बीच
मैं एक पल ख़ुश
तो दूसरे पल बेचैन–
मेरा होना ना होना, कहीं तुम्हारे लिए
मायने ना खो दे?

तुम बच्चों की तरह हँसती हो
बड़ी मासूमियत से
अपने दोस्त का हाथ पकड़ लेती हो।
मैं अचकचाता, घबराता
पहले नाराज़, फ़िर ग़ुस्से में जाता
पर हर बार तुम्हारे सादे मन से हार जाता।

मेरे भटकनों से तुम अनजान हो
या यूँ ही अनदेखा कर देती हो?
कहीं अविश्वास की कोई विषबेल
पनप ना जाये
सो अपने विश्वास के कवच से
सब सहज कर देती हो।

पराकाष्ठा वो जो तन और मन की
सातवें आसमान के झूले में
तुम्हारे शब्द कितने निश्छल और निर्मल–
"तुम्हें पता ही नहीं मेरे दिल का
तुम्हें लेने होंगे कई जन्म
मुझे समझने को।
तुम जब कई दिनों तक
देखते नहीं मेरी तरफ़
तो शक से बार-बार देखती हूँ आईना।
मुझे मालूम है मैं सुन्दर नहीं हूँ
पर जब तुम मुझे प्यार करते हो
मुझे लगता है
मैं संसार की सबसे सुन्दर स्त्री बन गयी हूँ।"

इस प्रेम में हिचकोले खाते
मैं पूरी तरह नि:शब्द।
थोड़े होश और बहुत सारे जोश में
मैं काले घोड़े को कोड़े मारता
फोटो-फिनीश (photo-finish) की रस्सी छूने को
साँस दर साँस, बदहवास
मैं बड़ी मुश्किल से
तुम्हें तसल्ली दिलाता हूँ--

"नहीं-नहीं! तुम ग़लत सोचती हो
मैं यूँ ही आदतन चुप रहता हूँ
मैं भी प्यार सिर्फ़ तुम्हीं से करता हूँ,"
मेरा हर सच तुम्हें दोगुना लगता है।
इस प्रेम में तुम्हारा मुझसे भी गहरा डूबना
मुझे और ग्लानि से भरता है।

शेर अब बूढ़ा हो चला है

कीचड़ से है लथपथ
फिर भी सूँघता है
तमाशबीनों से है घिरा
लेकिन बेपरवाह
फिर भी ढूँढ़ता है।

अनुभवों के बोझ से बोझिल
फिर भी यत्न करता है
असमंजस में सिर झुका है
लेकिन नज़रों में निश्चय की धार लिये
खोजता है
कुछ भ्रम, कुछ शिकार।

शेर अब बूढ़ा हो चला है।

रोज़ बदलता फाइनल ड्राफ्ट

एक नये शहर में
खोज रहा हूँ
नया ढाबा, नया पकवान
और साथ खाने वाला
एक नया दोस्त
ध्यान से सुनना चाहता हूँ
उसके शहर, स्कूल के क़िस्से।

गोद में भर लेना चाहता हूँ
अपने डोग्गी को
करना चाहता हूँ बातें
बेज़ुबान बनकर।

घुटनों पर बैठ
हो जाना चाहता हूँ
छोटा बच्चा
तुतलाकर
वापस पाना चाहता हूँ
पुरानी मटमैली समझ।

कमज़ोर लम्हों
और दुनिया के तानों को रद्द कर
कसके होना चाहता हूँ
अँगड़ाई लेती
एक साहसिक प्रेम कविता।

• मैं नहीं होना चाहता
अपना ही
फाइनल ड्राफ्ट कभी।

वापसी के पुल

अगर मैं पीछे
वापसी के पुल छोड़ आता
ना लड़ पाता
ना लौट पाता।

मेरी लाइब्रेरी की चाहत

मेरी लाइब्रेरी तो चाहती है
मैं पूरा का पूरा पढ़ लूँ उसको
एक बार नहीं
कई बार पढ़ लूँ उसको
समा लूँ उसे अपने भीतर
भीग जाऊँ सारे शब्दों
सारे भावों से।

मगर मेरे पास कहाँ है
इतनी हिम्मत, धीरज
और वक़्त
और दूसरी तरफ़
लाइब्रेरी की तड़प, उम्मीद
और बेचैनी

अब जबकि उम्र की ढलान पे हूँ
एक समझौता कर लिया है
मेरी लाइब्रेरी और मैंने
मैं अपनी पसन्दीदा किताबें
फिर से जी भर कर पढ़ूँगा
बार-बार पढ़ूँगा

लेकिन बाक़ी किताबें?
वो सारी किताबें
मैं और मेरी लाइब्रेरी
इकट्ठे बैठ कर
रोज़ निहारा करेंगे
एक दुख भरे प्यार से
एक दुख भरे प्यार से।

जब डूबता है मन

बहुत ढूँढ़ा मैंने
ईश्वर तो कहीं मिला नहीं
लेकिन जब भी
डूबता है मन
जाने कैसे प्रार्थना में अपने आप
उठ जाते हैं हाथ?
शायद भीतर गहरी है
माँ की बातों की छाप
बचपन में कहा था उसने–
'कातर हृदय से की गयी प्रार्थना
कभी असफल नहीं जाती'
बहुत ढूँढ़ा मैंने
ईश्वर तो कहीं मिला नहीं।

जी भर प्यार

उसे देखते ही
होंठ मुस्कुराने लगे
आँखें थोड़ी और खुलीं
और नज़रें उसे
मन-भर देखने लगीं
हाथों ने उसे
धीरे-धीरे छुआ
हौले-हौले सहलाया
और जी भर कर प्यार किया।

वुजूद

उसने मेरे सीने पे
सिर रख दिया
रुँधलायी आवाज़ में
बड़ी शिद्दत से कहा
मत जाओ मुझे छोड़कर
मैं खो दूँगी वुजूद अपना।

मैं नहीं गया
अगर चला जाता
मैं भी खो देता
वुजूद अपना।

तुम्हारे सिवा

उसे गोद में उठा कर
मैंने समेट लिया
उसके पूरे वुजूद को
अपने सीने में
और कहा उसे–
अब मेरे पूरे विस्तार में
कोई नहीं तुम्हारे सिवा।

बन्द दरवाज़े

मुझे पहुँचना था
सो मुझे खोजना था।
मैं चलता गया
पाता गया नयी राहें
लेकिन मेरी राहों को
बन्द दरवाज़ों तक ही पहुँचना था।

मैं चला एक राह पर
और मिला एक दरवाज़े से
मैंने मासूमियत से पूछा
भाई तुम क्यों हो बन्द?
वो साफ़-साफ़ बोला
मुझे तुम्हारी शक्ल नहीं पसन्द
मैं निराश हो गया।

फिर थोड़ी और उम्मीद से
एक नयी राह फिर निकला मैं
पहुँचा फिर एक दरवाज़े के पास
लेकिन वो भी बन्द मिला।
मैंने पूछा दोस्त तुम क्यों हो बन्द
वो सपाट चेहरा बनाकर बोला–

'नहीं, नहीं, मैं नहीं हूँ बन्द
बस अभी मेरे खुलने का समय नहीं हुआ है।'
मैंने हैरानी से पलकें उठायीं
तो वो कुटिल मुस्कान भरकर बोला–
'तुम थोड़ा सब्र करो
मैं अवश्य खुलूँगा।'
उसकी कुटिल मुस्कान देखकर
मैं समझ गया और वापस चल पड़ा।

मैं फिर एक और रास्ते पर निकला
एक और दरवाज़े से मिला
मैं पूछना ही चाहता था–
'दोस्त तुम क्यों हो बन्द'
वो ख़ुद ही बोल पड़ा–
'मैं तो खुला था अभी-अभी
तुम ही लेट हो गये
नहीं तो तुम्हें लिवा लेता अन्दर झट से
अभी अभी एक लोमड़ी अन्दर आयी थी
तुम्हें देर हो गयी भाई।'
मैं होकर निरुत्तर
लौट आया सिर झुकाकर।

मेरी ज़रूरत थी
सो एक बौने दरवाज़े तक भी जाना पड़ा
उससे भी पूछा–
'तुम भी क्यों बन्द हो भाई'
वो खुलकर बोला–
'तुम्हारा क़द ज़्यादा ही बड़ा है
मैं खुल भी जाऊँ

तो तुम समा नहीं पाओगे।'
मैंने कहा तुम थोड़े अच्छे वाले
बन्द दरवाज़े लगते हो
मैं थोड़ा झुक भी सकता हूँ
वो बोला नहीं–
'तुम अन्दर आ गये तो मैं छोटा पड़ जाऊँगा।'
काफ़ी मनाया उसको
पर बनी नहीं बात
मैं लौट आया वहाँ से भी

फिर एक और रास्ता चुना
उस पर काफ़ी देर चला
एक नये दरवाज़े से मिला
लेकिन वो बहुत ही बड़ा और बड़बोला निकला
बड़े घमण्ड से बोला–
'चरण स्पर्श करो मेरे,
झुको दण्डवत,
और स्वीकार करो मेरी प्रभुसत्ता।'
मैंने सिर उठाया, आँखें मिलायीं और
पूछा–'भाई क्या है तुममें ऐसा?
भगवान का दिया कुछ क़द है,
और माल खाये भरा डील डौल है।'
उसने मुँह फैलाया और दरवाज़ा
मेरे मुँह पे बन्द कर दिया।
बहुत बेआबरू होकर मैं
वहाँ से भी लौट आया।

फिर मैं एक अच्छे दरवाज़े के पास पहुँचा
मैंने कहा भाई कम-से-कम तुम तो खुल जाओ
दे दो मुझे शरण
वो बोला–'तुम किस खामख़्याली में रहते हो?
तुम क्या 14 वर्ष
करोगे संघर्ष?
या फिर छोड़ दोगे
महल, महारानी और पुत्र?
चलोगे नंगे पाँव?
रहोगे लगभग निर्वस्त्र?'
मैं गहरी सोच में पड़ गया
और धीरे से वापस मुड़ गया।

फिर एक और दरवाज़ा से मिला
जिसके ऊपर
तत्काल सफलता का
बहुत बड़ा बोर्ड टँगा था
बस एक बार प्रवेश कर गये
तो उम्र भर के लिए तिर गये
मैंने किया बहुत प्रयास
वो मुस्कुराता तो रहा जी भर
पर खुला नहीं रत्ती भर
दरअसल वो कभी खुलता ही नहीं था
लेकिन उसमें एक छेद था
जिसमें से अजगर ही निकल सकता था
एक मोटी झिर्री भी थी
जिसे लोमड़ी ही पार पा सकती थी
एक खिड़की भी
एकदम भेड़िये के नाम की।
थोड़ा मन मार कर, लेकिन अपना पूरा वजूद सँभाल कर
मैं वहाँ से भी वापस मुड़ आया।

लक्ष्मण रेखा

कैसे चला जाता है प्रेम
एक परिधि से दूसरी में?
क्या वैसे ही जैसे
तुमने पहले मुझसे दोस्ती की
फिर धीरे-धीरे मेरे सारे दोस्त
अपने दोस्त बना लिए?
और कैसे पार पा जाता है प्रेम
एक रिश्ते से दूसरे में?
जैसे तुमने धीरे-धीरे से
मेरे दोस्तों को आख़िरकार मुझसे पूरी तरह चुरा लिया
और मुझे पता ही ना चला?
चलो तुम्हारा चुराना माफ़
लेकिन ये तो बताओ
क्या लक्ष्मण रेखा तोड़ कर भी
प्रेम देता है वही अनुभव
वही अहसास और वही प्रेम?

उड़ेलते-उड़ेलते

तुमने उड़ेला प्यार
अपने गिलास से
मेरे गिलास में
फिर भी!
रह गयी कुछ मचलती बूँदें
तुमसे लिपटी।

आइस क्यूब्स

उसने डाले
छोटी-सी व्हिस्की (whiskey) में
तीन-चार मोटे, अड़ियल आइस क्यूब्स (ice cubes)
फिर हिलाता रहा देर तक।
पिता ग़ुस्सायें अन्दाज़ में बोले–
'सँभल जाओ
मिल जाओ आपस में
दे दो थोड़ी जगह पानी को।'

जबकि रंवा पानी अपनी जगह
बना लेता है, हर जगह।

सपने

गहरे पानी से भिड़
लहरों से लड़
बिन भीगे
उतर किनारे
घर बनाना चाहते हैं
सपने।

थोड़ा और आगे

इस यात्रा को कुछ और
लम्बा किया जाये
खोजें नये मोड़, नयी दिशाएँ
कुछ ढलानें, जहाँ दौड़ सकें,
और कुछ चढ़ानें जहाँ हाँफ जायें
कुछ कच्चे रास्ते भी हों
और पानी के पड़ाव
सुस्ता लें जहाँ पुराने दोस्तों के साथ
और सुस्ताते-सुस्ताते
पुरानों में से कुछ छूट जायें
फिर कुछ नये दोस्त भी जीवन में आयें

मंज़िल आते ही कहीं खो
ना जाये
ये नये मोड़, नयी दिशाएँ,
ये नये पुराने दोस्त,
ये ढलान, ये चढ़ान
ये सुस्ती, ये मस्ती,
ये फूलती साँस
और कुछ नया होने की
भोली-भाली आस

मंज़िल आते ही
कहीं खो ना जाये ये सब
इस यात्रा को कुछ और
लम्बा किया जाये।

चोर-सिपाही

मेरे ही भीतर खेलते रहते हैं
चोर-सिपाही
हौ-हौ कर के डरा देता है सिपाही
चोर बन के पकड़ा जाता है और कोई
फिर दृश्य बदल जाता है
चोर ही बन जाता है सिपाही।

मैं हँसकर देखता रहता हूँ ये खेला
मैं ही चोर मैं ही सिपाही
अपनी ही लुक्का-छुप्पी में
अब लगता है और भी डर, रोमाँच, आनन्द।

बदलता सत्य

किसी दौड़ के लिए
कोई सरपट सड़क नहीं चाहिए मुझे
ना ही किसी रथयात्रा के लिए
राजपथ।

शब्दों से नहीं बनेगा मेरा काम
रंग-रूप नहीं गढ़ना मुझे
तथ्य भी नहीं चाहिए
कुछ सिद्ध करने के लिए।

मैं तो बस ढूँढ़ रहा हूँ
गाँव से सटी एक ठंडी पगडंडी
सरसों के खेत में मस्त एक मधुमक्खी
और घाटी में बहती एक तितली।

मैं धीरे-धीरे
ढूँढ़ लूँगा अपना सत्य
जो हर दिन खिलता है
बनकर नया-नया।

रात तुम्हारे साथ

कभी मिले नहीं हम
इतनी देर तक
कि लम्बे अभिसार
और मीठी बातों के बाद भी
इतनी देर हो जाये
मैं सो जाऊँ वहीं
तुम्हारे घर।

कम से कम
एक दिन तो लगे
हम साथ-साथ रहते हैं।

वहम

एक वहम है
कि सब ठीक चल रहा है
और आगे भी बहुत अच्छा चलेगा
एक और वहम
कि ज़्यादातर लोग भले हैं इस दुनिया में
और बहुत कुछ बदला है अब तक
आगे भी बदलेगा बहुत कुछ।

ख्याल एक और भी है
कि मेरा दोस्त मेरा साथ देगा
मैं चाहे ग़लत भी हूँ
वो मेरे साथ खड़ा रहेगा।

एक और भी ज़रूरी भरम
कि मैं दुनिया बदल सकता हूँ।

इसके साथ एक बहुत महीन गुमान भी
मैंने कई सालों से
सँभाल के रखा है
कि वो इकतरफ़ा नहीं था
वो भी चाहती थी मुझे।

पिघलना

बहुत बुलाया मैंने
पास आ जाओ
मुझे बहुत प्यार करना है तुम्हें
वो स्थिर, शान्त
टस से मस हुई नहीं
देखती रही
मैं और कितना पिघलता हूँ
कितना और आगे बढ़ता हूँ।

बस एक बात

इतने सालों का रिश्ता
तोड़ने के लिए
उसने बस एक बात बोली–
'नहीं! कल मत आना,
मैं फिर बताऊँगी'

और उसने फिर
कभी नहीं बताया।

भीगा अस्तित्व

एक अर्सा हो गया
तुम्हें देखे, मिले या बात किये
फिर भी कभी लगा नहीं
कुछ छूट गया है हमारे बीच।

एक विश्वास की नदी
बहती है रात-दिन
मैं जब चाहूँ उसमें डूब कर
सीने से लगा सकता हूँ
तुम्हारे भीगे अस्तित्व को।

मेरे जैसा ईश्वर

हे ईश्वर!
तुम क्यूँ नहीं हो मेरे जैसे?
मैं तो नहीं सुन-समझ सकता तुम्हारी भाषा
और तुम हो–अन्तर्यामी।
मैं नहीं देख पाता तुम्हारा रंग भी
और तुम गढ़ देते हो मेरा तन, मेरा मन, मेरा रंग
जब जैसे अपने मन से।
तुम्हारी व्यवस्था भी ऐसी
करे कोई भरे कोई
तुम पहले से ही जानते हो मेरा हर गणित
और तुम्हारा भाग्यविधाता वाला फ़ॉर्मूला
मैं कभी जान ही नहीं पाया।

एक दिन मैं भी पूछूँ तुमसे
एक कठिन प्रश्न
तुम भी छटपटाओ
मेरी तरह
और डर कर
करो प्रार्थना
'हे भगवन! बचा लो इस बार!
बस इस बार!'

एक दिन के लिए ही सही
तुम भी बनो
मेरे जैसे थोड़े कमज़ोर,
थोड़े दम्भी, थोड़े ज़िद्दी
और अपने ही ईश्वर से
प्रश्न पूछने वाले।

आख़िरी-आख़िरी

बहन को झुलाता झूला
ज़ोर-ज़ोर से देता धक्का
हर बार कहता–बस ये आख़िरी, बस ये आख़िरी
बहन भी होकर मस्त झूलती झूला
और पीछे पीछे दोहराती
भैया–बस एक और आख़िरी,
बस एक और आख़िरी
हर झूलाई में होता–आख़िरी, आख़िरी
एक धक्का और, एक झूला और–
बस आख़िरी, आख़िरी

सीढ़ी

मैं भूलना चाहता हूँ
रटे-रटाये पहाड़े
उन्हें गिनने और पढ़ने के पुराने तरीक़े।
तुम्हें देखकर
आँखो में बढ़ जाती है चमक
जैसे पैदा हो जाये नयी भाषा,
उतर आये नयी अप्सरा।

मैं भूलना चाहता हूँ
वो बात जिसे जानकर
लोग नापते-तौलते हैं मुझे
उस दिन तुमने मेरे कोट की
कितनी तारीफ़ की थी
एक हो गये थे
मैं, मेरा कोट और तुम
और मैं फिर आ गया था
एक रटे-रटाये पहाड़े के फेर में

आज रात नींद ठीक आयेगी
मैं अभी-अभी भूला

एक रटा-रटाया पहाड़ा
अगली सुबह की चिन्ता
और भूला
एक और सीढ़ी और चढ़ना।

फिर से

बहुत सालों बाद
मैंने उसे फिर बताया–
मैं तुम्हें फिर से
वैसे ही प्यार करने लगा हूँ
जैसे पहली-पहली बार किया था।

दो बार

एक अजनबी से
पहचान नहीं हो सकती
दो बार
तोड़ कर सच्ची क़सम
मरा नहीं जा सकता
दो बार
फिर कैसे हो सकता है
पहला प्यार
दो बार?

समझौता

उसने कहा
चलो एक समझौता करते हैं।

तुम्हारी स्वाद की इन्द्री
कुछ और तीखी कर देते हैं
तुम पूरा मज़ा ले पाओगे
ख़ुशबू, मीठे, और तीखे का
और वो कितने भोग
जिसके लिए शब्द भी
नहीं बने हैं।

लेकिन साथ-साथ
एक समझौता भी करो
तुम सुन्न हो जाओगे
और प्रश्न नहीं करोगे
आस-पास फैली घृणा
धमधमाती अराजकता
और मूर्छित हो गयी
व्यवस्था पर।

काली मटमैली सिलवटें

अँधेरा है यहाँ
गीलापन, सीलापन भी
और जगह भी है सँकरी
कभी मिलती है
थोड़ी रोशनी, थोड़ी हवा, थोड़ी गर्मी
कभी डगमगाता, कभी फिसलता
और फिर सँभलता हूँ मैं।
सिर उठा, रीढ़ सीधी कर
चलने की कोशिश करता हूँ
काजल की नीम अँधेरी सुरंग में

फिर एक झिर्री से
सिकुड़ कर निकला मैं
थोड़ी धूप, थोड़ी हवा में
थोड़ा दम आया
एक नयी शुरुआत के लिए

लेकिन बदन पर
चढ़ गयी हैं
कुछ काली, मटमैली सिलवटें
जो इस धूप में साफ़-साफ़
दिखती हैं।

आँखों का पर्दा

केटरेक्ट के ऑपरेशन के बाद
डॉक्टर ने तसल्ली देते हुए कहा
अब तुम ठीक से देख सकोगे
तुम्हारी आँखों का पर्दा
हटा दिया है।

मुलायम ख़रगोश

आओ थोड़ा वक़्त निकालें
और दुख मनायें
कि हम लूले-लँगड़े हो गये हैं
अपनी सोच, जोश और विरोध में।

आओ थोड़ा वक़्त निकालें
और दुख मनायें
अपने मुलायम ख़रगोश
हो जाने का।

नयी पौध के वास्ते

मैं जाऊँगा खदेड़ा
घेर कर वो हरा देंगे मुझे
और आख़िर मैं मारा भी जाऊँगा।

लेकिन लड़ूँगा
नयी पौध के वास्ते
वो कम-से-कम
इतना तो कह सकें
हमारे पुरखे
ख़ूब लड़े
और मर गये
हमारे लिए।

दर्ज़ी, रंग और कपड़े

जैसे-जैसे मैं सीखता गया
नया-नया
छूटते गये पुराने हाथ
पुराने साथ
भूलते गये आसान पहाड़े
और मुहावरे
जो थे ज़ुबानी याद।

न सिर्फ़ बदला दर्ज़ी
बदले माप, रंग, और कपड़े।

चलो माँ के पास चलते हैं
सारा अज्ञान समेट कर
कहते हैं उससे
माँ वो कहानियाँ, वो लोरी, वो क़िस्से
फिर से सुनाओ।

बेज़ुबान

आज कुछ देर
मैंने घुमाया उसे
फिर सौंप दिया
अपने साथी को
घर वापस ले जाने को
वो देखता रहा
मुड़-मुड़ के मुझे
बेचारगी में
सोचता होगा
मैं क्यूँ छोड़ रहा हूँ उसे
क्या अब फिर मिलेंगे कभी?
शायद कभी नहीं
शायद ये आख़िरी
मुलाक़ात है
कुछ कह भी नहीं पाया
बेज़ुबान था वो
मेरा डोग्गी।

औसतन घटियापन

मैंने बनकर अनजान
कितनी बार लौटाया उन्हें
कभी होकर चिड़चिड़ा
फटकारा भी
लेकिन वो भी ढीठ, अड़ियल
बने रहे मेरे वुजूद
का अटूट हिस्सा
मेरे सपने मुझे
छोड़ते ही नहीं
बल्कि वो साथ ले आये
अपने दो सौतेले भाई

मैंने फिर डर से पूछा
असफलता वाले से
और सफलता वाले से भी
मैं जब भी विद्रोह करता हूँ
इस असमंजस भरे
औसतन घटियापन से
तुम मुझे क्यूँ घेर लेते हो?
क्यों डराते हो?

और मैं वैसे तो ज़मीन पे
चलना चाहता हूँ
सीधे-सीधे
लेकिन क्या मैं सपने देखना
ही छोड़ दूँ?
क्या मुझे कल्पना करने का
अधिकार नहीं?
मैं जब भी उड़ूँगा फन्तासी
भरी उड़ान
तुम मुझे डराते रहोगे?
वे चुप रहे
लेकिन मुझे जकड़े रहे।

मैं भी नहीं माना और बेधड़क बोला–
तुम बेशक रहो मुझे जकड़े
लेकिन मैं उड़ता रहूँगा हवा में,
रहूँगा फन्तासी में
देखता रहूँगा सपने
नहीं डरूँगा
नहीं स्वीकार करूँगा
इस औसतन घटियापन को।

अनपढ़

मैं ठीक से ना सुन पाया
और ना समझ पाया
जो तुमने कहा
वो था ही नहीं मेरी भाषा में

जब तुमने बताया और समझाया
तो मैंने कई बार दोहराया
और उसे अपने शब्दों से
मिलाया
फिर पहुँचा धरातल तक
मैं नहीं हूँ तुम्हारे जितना
पढ़ा, लिखा।

ईश्वर की लगाम

मेरा डोग्गी
मानता ही नहीं।
देखते ही कोई गिलहरी
कोई चिड़िया
भागता है पूरा ज़ोर लगाकर
छुड़ा लेना चाहता है
पट्टा मेरे हाथ से।

मैं रोकता हूँ, समझाता हूँ–
'नहीं मिलेगा तुम्हें कुछ
तुम्हारे पहुँचने तक
भाग जायेगी गिलहरी
उड़ जायेगी चिड़िया।'
(शायद मिल भी जाये उसके उत्साह से)

मेरा डोग्गी मानता
ही नहीं।
मैं पीछे खींचता हूँ उसे
रोकता हूँ उसकी छलाँग
जैसे ईश्वर रोक लेता है
मुझे हर बार।

पत्थर दिल

मैं उसे छोड़ कर
जा रहा था
और वो मुझे बेचा़रगी
से देख रहा था
मैंने आख़िर दिल पत्थर कर
मुँह़ मोड़ लिया
सदा-सदा के लिए।

उसे अहसास कराना था
हमारा नाता टूट चुका है
सदा-सदा के लिए।

बच्चे की पहली सीढ़ी

वो बहुत ऊँचा पैदान था
और मैं बहुत छोटा
नहीं लाँघ सकता था
उसे सिर्फ़ एक क़दम बढ़ा कर।

मैंने पहले अपना सिर
थोड़ा आगे बढ़ाया
फिर कन्धा, फिर छाती
फिर रेंगते-रेंगते
मैंने पार की
पहाड़ जैसा
एक छोटा पैदान।

टूटता तारा

आज रात फिर देखा
एक टूटता तारा
मैं फिर ढूँढ़ने लगा
कोई ख़ाली जगह दिल में
एक मन्नत के लिए
और फिर एक उम्मीद
टूटने के लिए।

व्हील चेयर पर गूँगा

तुम कहते हो
इस ढेली को गुड़
स्वाद को मीठा
और मुझे गूँगा।

तुम भी तो हो अपाहिज
बैठे हो व्हील चेयर पर पकड़े
एक पहिया भाषा
और दूसरा लिपि का।

जबकि हम दोनों के पास
एक ही अर्थ है
गुड़ का, स्वाद का।

सूर्य भाषा का मोहताज नहीं

सर्दी आ चली है
धूप कम है मेरे आँगन में
कुछ दिनों के लिए
तराशनी होंगी पेड़ों की गहन टहनियाँ
किरणों के लिए
गहरी छितराई पत्तियों के बीच
बनानी होंगी खिड़कियाँ

कभी-कभी सोचता हूँ
कविताओं के पहले, दूसरे, तीसरे सारे ड्राफ्ट
सँभाल कर रख लूँ।
कभी वक़्त निकाल कर
करूँ मिलान
पहले से आख़िरी तक
क्या जोड़ा, क्या घटाया
कितनी बातें थोथी
कितने शब्दों में रंग
और कितने वाक्यों में साँस
किस बात में झुका सिर,
कहाँ अड़ा, और अड़ कर कट गया
जैसे शब्द मुड़-तुड़ जाते हैं

कभी लिखावट और कभी उच्चारण के दबाव में
करूँ मिलान ड्राफ्ट का
कविता के पूरा होते-होते।

धीरे-धीरे बदलेंगे शब्द
डगमगायेंगे नियम
लिपि के लुढ़कते-लुढ़कते बदल जायेगा
पूरा कथन
लेकिन बचा रहेगा अर्थ मन में
बिना ज़ुबान की बैसाखी लिये।

घनी टहनियों, सघन पत्तों को चीर कर
मैं खींच लूँगा अपनी गर्मी, अपनी किरणें
मेरा सूर्य किसी भाषा का मोहताज नहीं।

बेस्वाद प्रसाद

उसकी ख़ुशबू मन मोह
रही थी
रंग आँखें चुँधिया
रहा था
और स्वाद दूर से ही लुभा
रहा था
लेकिन उसे पुण्य कमाकर ही
पाया जा सकता था
वो प्रसाद था।

मैं धीरे-से बाज़ार की ओर मुड़ चला
घूमा कई गलियाँ, नुक्कड़ और चौराहे
एक गली में थी लगभग वही ख़ुशबू
चौराहे पर कुछ वैसा ही रंग
और नुक्कड़ पर शायद वही स्वाद
थोड़ा मोल-तोल कर
इकट्ठा किये
वही ख़ुशबू, वही रंग, वही स्वाद
पर कुल मिलाकर सब निकला बेस्वाद।

भूलने की आदत

किताबों में पढ़ा था
बुरी बातें भूल जाना
मैंने मान तो लिया
लेकिन भूलने की
ऐसी लगी आदत
मैं अब अच्छी बातें भी
याद नहीं रख पाता।

नर्म-सर्द-गर्माहट

मेरा डोग्गी देखता रहता है
मुझे चुपचाप आँखों से
चाटना चाहता है मुझे
खुरदुरी जीभ से
लेकिन मुझे लिजलिजा सा लगता है

फिर वो अपना शरीर मुझ से सटाकर
देता है एक नर्म-सर्द-गर्माहट
और ताकता है
मासूम आँखों से
फिर चाटना चाहता है
मुझे फिर लगता है
थोड़ा लिजलिजा
पर इस बार
मैं मना नहीं करता।

लूट

रोज़ बोझ उठाते-उठाते
हाँफने लगता है
पुरुषार्थ।
थोड़ा और, थोड़ा और
रोज़ दम लगाता है सीसीफस* (Sisyphus)
ताकि जलती रहे आग।

फिर थोड़ा दम
लेता है पुरुषार्थ
नियति वहीं
एक ओट से निकल कर
घर लौटते शूरवीर से
लूट लेती है
सारी जय जयकार।

(ग्रीक मिथ के अनुसार सम्राट सीसीपस को शाप मिला था एक बड़ी चट्टान को पहाड़ पर ले जाने का। वो चट्टान फिर से लुढ़ककर नीचे आ जाता थी।)

थेटर में आत्मा

कभी-कभी सोचती हूँ
मैं आन बसी हूँ
एक ग़लत जिस्म में
अब इतने सालों बाद
मैं अक्सर अपने
और जिस्म के बीच
फ़र्क़ भूल जाती हूँ
और उदास हो जाती हूँ
जब मुझे याद दिलाया जाता है
जिस्म मर्दाना है या जनाना।

लगता है किराये के
थेटर में हूँ
और दर्शकों की भरपूर
माँग पर थिरकना
है मुझे
उम्र भर।

इन्सानी मशीनें

मेरी ही मशीन
निकल गयी है मुझसे आगे
बनाने लगी है
मुझसे भी बेहतर पुतले
पुतले ख़ुद ही साँस लेते हैं,
ख़ुद ही चलते, ख़ुद ही सीखते जाते हैं
और बनते जाते हैं
और तेज़, और ऊँचे, और मज़बूत।

अब सीखने होंगे नये ढंग
गढ़ने होंगे कुछ खोट
अपनी ही बनायी मशीन में
पुतले, सपने, दर्शन
थोड़े-थोड़े तो लगे
इन्सानी, और कम बेहतर।

यात्रा कथक शैली में

चमक लेकर प्रकाश से
रंग, रोशनी से
ऊर्जा से लेकर चपलता
और भाव से भंगिमा
धमक पैरों से और छनका कर घुँघरू
मैं उकेरती हूँ संघर्ष और सन्तोष
सफ़ेद कैनवस पे
प्रतिबिम्ब से गढ़ती हूँ
अभिलाषा एक अर्थपूर्ण
जीवन की।

नृत्य कर देखती हूँ
अपनी ही परछाईं में
अपनी ही यात्रा।

कोहरे में सूर्य

पीतल के दंश वाला
पीला सूर्य का मुखौटा
मैंने अपने कमरे में सजाया
एक टोटके जैसा
एक ज्योतिषी की सलाह से।

उसने कहा था रोज़ देखना उसे
अपनी नज़रों में रखना हमेशा
ये तुम्हारा माथा किरणों से
भर देगा
ज्वलित कर देगा तुम्हारी क़िस्मत
विस्मित सफलता देगा
अपनी विस्फोटक गर्मी से।

लेकिन सुबह की कड़क सर्दी
और कोहरे के बीच
उफनती साँसों
और जोश के स्वरों ने
ऐसी दौड़ लगायी
चेहरे की नसों में
दौड़ने लगा लहू गर्म

माथे पर चमकने लगीं
उत्साह से भीगी
सुनहरे पसीने की बूँदें।
पीली, लाल और सफ़ेद
रोशनी से दमकने लगी देह सारी
मैंने घर आकर फिर
देखा उस टोटके को
रंग-बेरंग होते।

समय से पीछे

मैं भागा-भागा सा
और अव्यवस्थित
बस समय निकला जाता था
मुझे पता चला अभी-अभी
घड़ी थी आगे।

फिर ठीक कीं सुइयाँ मैंने
साँस ली जी भर कर
कुछ दम आया
अब तैयार हूँ चलने को
समय के साथ-साथ।

मार्टी : एक शाश्वत खोज

अभी यात्रा में है
पूरा यौवन खिलना है इसका
परिणिति से पहले
इसे पढ़ना अधूरा और कठिन होगा
लेकिन इसके गर्व भरे शिखरों
लहराते ढलानों और शान्त पड़ावों को
अभी शब्दों में बाँध लेना चाहिए।

बेचैन है यह खोज
बार-बार निकलती है जीवन यात्रा पर
देखती है सब कुछ अपने आस-पास
प्रत्यक्ष से भी करती है प्रश्न
ढूँढ़ती है गहरे अर्थ
और बीनती है सन्तों से अध्यात्म
बुद्धिजीवियों से विवेक
और दार्शनिकों से सद्गुण।

यह खोज ढूँढ़ चुकी है
मन में भीगा सन्तोष
भरपूर जीवन का एक नया रूप
और उसे जीने की एक अर्थपूर्ण कला।

फिर भी बेचैन खोज थकी नहीं है
यात्रा में है लगातार
चुन रही है फूल
इकट्ठा कर रही है पराग
और परख रही है नये विचार।

धीरे-धीरे ये खोज विलीन हो जायेगी मिट्टी में
लेकिन जियेगी हर पल,
रचेगी भरपूर जीवन की नयी सरगम,
जो रोज़ बनेगी अपने से ही बेहतर।
मार्टी : एक शाश्वत खोज

(प्रो. मार्टिन सैलिगमैन, जो Father of Positive Psychology हैं, उनके 80वें जन्मदिन पर, उन्हें समर्पित।)

एक मुस्कान पहने

मैं पैदा हुआ
बस एक मुस्कान पहने
कितने सवाल हुए
मुझे ढकने पर
कितने मन्थन
मेरे रंग, बाली और तावीज़ पर
सैकड़ों तमाशबीन हो गये इकट्ठा
मुझे घेरे
मेरा टीका देख टिप्पणी करने
मेरी जात देख मेरा ज्ञान परखने।

खींच दीं कुछ लकीरें
क़द, कुंठा और कपड़ों वाली।
बीच में बाँध दिया मुझे
मेरी मुस्कान छीनकर।

धूल पे ताना

अपनी ऊर्जा से उत्साहित
और उत्साह से आकर्षित
मैं एक छलाँग में नदी
दो में पहाड़
और तीन में
लाँघ लेता था पूरा जंगल
धड़धड़ाती साँसों से
सूँघ लेता था शिकार
चमकती आँखों से मोह लेता था
अपना ही शिकारी।

यूँ तो आज भी घूमता हूँ खुला-खुला, बेपरवाह
लेकिन मेरी फड़कती धारियों,
खौलती धमनियों
और तेज़ कुलाचों का वैभव
अब कोई नहीं गाता।
बस मेरी धूल पे कस के ताना
कर देते हैं ख़ारिज मुझे।

अदृश्य प्रश्न

गहरी शाम हो चुकी थी
रात धीरे से अँगड़ाई ले रही थी
कुछ छोटे बच्चे बेच रहे थे
गुब्बारे और खिलौने
ढूँढ़ रहे थे अपने ग्राहक
जो तफ़री करने आये थे
अपने बच्चों के साथ।

तुम या तो पत्थर दिल होकर
कुछ भी नहीं लोगे
शायद दुत्कार भी दो चिढ़कर
या बहुत ही पसीजे तो
यूँ ही दे दोगे कुछ
बख़्शीश या भीख सा
लेकिन नहीं ख़रीदोगे
उनके गुब्बारे, खिलौने।

ख़ाली हाथ नहीं हैं बच्चे
गुब्बारे नहीं खिलौने नहीं
अपना स्वाभिमान लिये हैं हाथों में
नहीं लेंगे बख़्शीश, ना ही भीख

बेचते-बेचते खिलौने
आँखों में आँखें डाल
एक अदृश्य प्रश्न करेंगे तुमसे
ऐसा क्या है तुम में
कि तुम वहाँ हो
और हम यहाँ?

परिपाटी

सोचने की कोई
परिपाटी नहीं होनी
चाहिए।

तोड़ो सारे
तिलिस्म
भंग करो सारे
मायाजाल
उड़ो ऊँचे आकाश में
करो संवाद
अपने आप से।

सोचने की कोई
परिपाटी नहीं होनी
चाहिए।

दो शब्द

मैं नहीं करूँगा व्याख्या
बस बुनूँगा दो शब्द, दो बिम्ब–
चुनौती भरे!

तुम क्या करोगे?
लिखोगे दो लाख शब्द–
व्याख्या में?
और बतियाओगे घंटों-घंटों?

लिखकर, बतियाकर
आख़िर फिर कहोगे
दो शब्द, दो बिम्ब
मेरे वाले।

एक सही क़दम-आगे

एक क़दम जाता हूँ आगे
छोड़ एक क़दम पीछे
यहाँ से नज़र आते हैं
एक या दो ही पहाड़ आगे
कई क़दमों के बाद
देखता हूँ पीछे
छोड़ चुका होता हूँ एक पड़ाव।

लेकिन मैं यहीं खड़े
देखना चाहता हूँ
एक के पीछे एक छुपे
कई पहाड़ एक साथ।

हर अगला क़दम
मनोयोग से उठता
पीछे-पीछे देखता
दिन प्रतिदिन
आगे बढ़ता
साहस के साथ।

यूँ एक-एक सही क़दम आगे,
और धीरे-धीरे पीछे छोड़ते ज़मीन
देख पाता हूँ आगे
एक के पीछे एक छुपे
कई पहाड़ एक साथ।

यूँ धीरे-धीरे
चलते, उड़ते
क़दम-क़दम, मीलो-मील आगे।

तलवार और मनुहार

तलवार सीधी थी
लेकिन चमकीली और नुकीली थी
तेज़ धार से उसने मार डाले युवक,
पतित कर डालीं स्त्रियाँ
क़त्ल कर डाले मासूम बच्चे
फिर मजबूर कर डाला सबको
सिर झुका कर अपने पीछे चुपचाप चलने को।

मनुहार भोला-भाला सा लगता था
पहले गले मिला
फिर रिझाया उसने
हाथ पकड़ विश्वास भी दिलाया
कि जब मैं आगे चलूँ
एक लम्बा लबादा ओढ़े,
सिर घिस कर,
हाथ में ले किताब,
और कुछ बुदबुदाते
तुम भरोसा कर चुपचाप मेरे पीछे चलना।

नरसंहार की बात
उसने धीरे से छुपा ली।

चीरते मकड़जाल

रोज़ आता है
सामने अँधेरा
चमकती है बिजली
एक पल के लिए
फिर घुप्प अँधेरा
मैं डर में, उलझन में
क्या कर दिया जाऊँगा रद्द?

दौड़ते-दौड़ते सुबह की दौड़
चीरते मकड़जाल
पाँवों के नीचे कुचलते दुविधाएँ
खींचते लम्बी-लम्बी साँसें
सँभालते अपना वजूद
करता हूँ रद्द, अपना रद्द होना।

एक अधेड़ सत्तर का

पहने बरमूडा और
टी-शर्ट
घूमता है पार्क में
कभी-कभी देखता था
उसे
ज़मीन में गड़ी मशीनों से
वर्जिश करते
मैं दुआ सलाम करता था उससे
पर कभी नाम नहीं पूछा उसका
एक और दिन देखा
उसे बड़ी लगन से
हाथ में लिए प्लास्टिक के ख़ाली डिब्बों के साथ
पीने का साफ़ पानी भर उन डिब्बों में
उत्साह से जगह-जगह जाकर
मिट्टी के खुले बर्तनों में
डालते
कुछ आश्चर्य हुआ
मैं रुक गया
पूछा मैंने
पहले उसका नाम
क्या करते हो?

उसकी ऊर्जा देखकर विश्वास नहीं हुआ
कि वो सत्तर का था
बधाई दी मैंने उसकी ऊर्जा और उत्साह पर
फिर थोड़ा माहौल बन गया
तो पूछा
क्यों करते हो इतनी मेहनत
जगह-जगह घूम कर
क्यों भरते हो पानी
इन बर्तनों में

पहले थोड़ी सोच में
पड़ गया
फिर बोला यूँ ही
मैंने कहा नहीं-नहीं
बताओ क्यों करते हो
ये सब
बोला पक्षी-जानवर
पानी पी लेंगे
मैंने और ज़ोर देकर पूछा
कुछ और भी आता है मन में?
फिर खुल के बोला
मन करता है
दिल ख़ुश होता है
इसीलिए करता हूँ।

तमाशे की मुक्ति

एक बक्से में क़ैद हो नहीं सकती
ऊर्जा
एक चौखाने में थम नहीं सकती
हिम्मत
एक मंच थाम नहीं सकता
मन की शक्ति
एक तमाशा थाह ना पा सकेगा
पूरी की पूरी
कल्पना की।

एक उड़ान में
आओ शामिल हों
हम सब तोड़ दें
बक्सा
चीर दें
चौखाने
हवा में उड़ा दें
मंच
चमक, बिजली, गूँज
और तलियों से
मुक्त
कर दें तमाशे को।

मरहम

इस घाव के लिए
कुछ नहीं करूँगा मैं
छोड़ दूँगा खुला
लेने को
अपनी हवा अपना पानी
ये लेगा अपना समय
मरहम बनायेगा उसे।

बरसाती नदी

इठलाती
ठुमकती, लहराती
हुमहुमा के
पहाड़ों, पथरों से
निकलती है।
ख़ुशरंग सतहों
से
सरपट फिसल जाती है।
फिर कहीं बेसब्र
ठहर जाती है
और पूछती है
यहाँ कितना
समय लगेगा?

फिर दिलासा देती
सबको, ख़ुद को
कहती बरसाती नदी–
'कोई बात नहीं
मैं प्रतीक्षा कर लूँगी।'
झील की तरह।

एक ऐसा दिन

एक ऐसा दिन
जिसमें तुम
मुस्कुराते रहे दिन भर
बिना किसी कारण
जी भर गले मिले सबसे
पास बैठे, बतियाये आराम से
अँगड़ाइयाँ लीं जी भर
थोड़ा सोये और अलसाये दिन भर।

किसी दीन-हीन को देख दिल पसीजा
अपने आप विवश हो गये
मदद को
और लौट आये घर सोचते-सोचते
कोई बात नहीं भाई
उसे ज़्यादा ज़रूरत थी मुझसे।

यहीं रहेगा जीवन

पहले हरा भरा था
फिर धीरे-धीरे पीला हो गया
और जवानी चढ़ी तो
थोड़ा लाल, थोड़ा सुर्ख़रू हो गया
फिर हुआ भूरा, मटमैला
और आख़िर पड़ गया काला

मुरझाया
गिर गया
फिर कुचला गया पैरों तले
लेकिन बचे रहे
रीढ़, धमनियां, तिनके
धीरे-धीरे फिर समाकर
ठण्ड, घुटन और अँधेरे में
नयी कोपलों के लिए
फिर बन जायेगी जगह।

जगना, थकना, हारना

मैंने एक सपना देखा
फिर नींद टूटी
दिन निकला
गया काम पर
थक हार के लौटा
कुछ खाया
और सो गया गहरी नींद
फिर देखे सपने
कभी सुन्दर कभी असुन्दर
जगना, थकना, हारना
कभी ख़ूबसूरत कभी कमसूरत
कभी ख़ूबसीरत
और कभी-कभी बदसूरत।

शिखण्डी

तुम्हारी आँखों में रौनक
चेहरे पे चमक
होंठों पे मुस्कान
और मूँछों में हल्का-सा ताव है
तुम्हारा नाम भी शिखण्डी नहीं है
तुम जीवन में आगे कैसे बढ़ोगे?

डायनासोर

क्रूर बेशर्मी भरा अट्टहास लेकर
हिंसा की गर्म साँसें भरकर
नफ़रती नुथने फुलाकर
बघारता है अपना लोहा
डायनासोर अपने राज़ ख़ुद ही बताता है

उसकी बग़ल में खड़ा एक सयाना आदमी
अपने शब्दों, भाषा, कहानी से
उसकी बेशर्मी, क्रूरता, नफ़रत, पर
चढ़ा देता है सोने का वर्क

लेकिन एक दिन आख़िर
डायनासोर को समा जाना पड़ता है धरती में
आने वाली नस्लों के लिए
ईंधन बनना पड़ता है।
उसकी बगल में खड़ा
वो सयाना आदमी भी कुछ नहीं कर पाता।

बेफ़िक्र बिस्तर

छोटी भली हों चाहतें
पर ख़ूबसूरत हों
घर बड़ा बेशक ना हो
बस एक कमरा हो
उस एक कमरे में
साफ़ चादर से बना
नर्म तकिये से सजा
और तुम्हारे प्यार
से लबालब
एक बेफ़िक्र बिस्तर हो।

रंग

मैंने कैमरे के लैंस से
आँख सटाकर देखा
कितने ही रंग
खिले थे चारों ओर
लाल, काला, हरा, केसरी
और सफ़ेद
कितना भरपूर नज़ारा
मैं किस पर फोकस करूँ?
वैसे ज़िन्दगी तो जीना चाहती है
किसी भी रंग के बिना
या हर रंग में।

ख़ुदा

मेरा ख़ुदा भी
मेरे जैसा निकला
जिनसे मैंने नफ़रत की
वो भी उनका दुश्मन निकला।

शब्दों से परे

इतना भारी था वो दुख
निगल गया मेरी भाषा
मेरे शब्द
अब बस है इन्तज़ार
दुख थोड़ा नरम पड़ जाये
वक़्त के हालात से
पिघल जाये
और मैं बेज़ुबान
उसे थोड़ा-थोड़ा
सहला सकूँ।

मेरे शब्द मेरे अर्थ

तुम जो चाहते हो
चुन लेते हो
कभी पुरुषार्थ
कभी शौर्य
कभी वीर्य
सारे शब्द, सारे अर्थ
हैं तुम्हारे पास

मुझे अब गढ़ने होंगे
अपने शब्द अपने अर्थ
सुन्दर, सुघड़, सुशील और कुलीन
इन सब से नहीं चलेगा मेरा काम

रात को ब्रश

थोड़ा रहने दो
आज रात यूँ ही
दाँतों पर मैल।

पाँव, मुँह, नाख़ून, हाथ
बाक़ी सब तो साफ़ है
कुछ मैल तो रहने दो रात भर
किसी सुन्दर सपने की
नाटकीयता भंग करने को।

अनबूझा समय

नज़र जाती है बार-बार
दीवार की तरफ़
लौट आती है
ख़ाली पाकर

ठीक होने गयी है
कुछ समय पहले
वापिस आयेगी
कुछ समय बाद
बड़ी वाली घड़ी

यूँ तो त्रही है सब कुछ
लेकिन कुछ अटपटा
कुछ अनबूझा लगता है
समय
जाने बिना।

□□